지은이 마그다 가르굴라코바

체코 브르노의 마사리크대학교에서 예술사를 공부했습니다. 2011년에 친구들과 함께 브르노에 갤러리를 열었습니다.
그곳에서 젊은 작가들의 현대적인 작품을 전시하고 알리는 일을 지금까지 해 왔습니다. 이 일과 더불어 2019년부터는 B4U 출판사에서
어린이책 편집자로 일하고 있습니다. 책을 만들 때 두 딸의 조언을 늘 듣는다고 합니다. 지식 그림책《우리도 할 수 있어!》에 글을 썼습니다.

그린이 마리 우르반코바

지즈코프 예술디자인학교에서 시노그래피를 공부한 뒤 프라하 예술건축디자인대학의 영화 TV 그래픽 스튜디오에서
석사 학위를 받았습니다. 일러스트와 책뿐 아니라 애니메이션 영화와 인형극에도 관심을 가지고 활동 중입니다.
《수상한 이야기 공장: 놀면서 배우는 스토리텔링》에 그림을 그렸습니다.

옮긴이 한성희

텍사스 A&M 대학교 석사 과정에서 저널리즘을 전공했고, 현재 번역 에이전시에서 전문 번역가로 활동 중입니다.
주요 역서로는《세상이 왜 물에 잠겼을까?》《창문》《상자 안에 무엇이 있을까?》《모자는 왜 화가 났을까?》《할아버지를 그리며》《DQ 디지털 지능》
《날아라, 메리! 열기구 타고 하늘 높이》《매일 우리 몸에서는 무슨 일이 일어나고 있을까?》등이 있습니다.

감수자 권수진

낮에는 치과 의사로, 밤에는 그림을 그리고 글을 씁니다. KAIST 생명화학공학과를 졸업하고, 서울대학교 치과대학을 졸업해 치과 의사로
일하고 있습니다. 동 대학원에서 치과 교정학 박사 과정을 마쳤습니다.
인스타그램 @dentist_sujin

어린이의 백년 치아를 위한 치의학 도감
별난 이 재밌는 이 굉장한 이

초판 1쇄 발행 2025년 4월 23일

지은이 마그다 가르굴라코바 그린이 마리 우르반코바 옮긴이 한성희 감수자 권수진
펴낸이 윤상열
기획편집 서영옥 최은영 디자인 DESIGNPARK 마케팅 윤선미 경영관리 김미홍
펴낸곳 도서출판 그린북 주소 서울 마포구 방울내로11길 23 두영빌딩 3층
전화 02-323-8030~1 팩스 02-323-8797
이메일 gbook01@naver.com 블로그 blog.naver.com/gbook01

Teeth: You Only Get Two Sets
© Designed by B4U Publishing, member of Albatros Media Group, 2023
Author: Magda Garguláková
Illustrations © Marie Urbánková 2023
www.albatrosmedia.eu
All rights reserved.
Translation copyright © 2025, Greenbook Publishing Co.
This edition was published by arrangement with Icarias Agency.

이 책의 한국어판 저작권은 Icarias Agency를 통해 Albatros Media a.s.와 독점 계약한 도서출판 그린북에 있습니다.
저작권법에 의하여 한국 내에서 보호를 받는 저작물이므로 무단 전재와 복제를 금합니다.

ISBN 978-89-5588-496-8 73510

- 도서출판 그린북은 미래의 나와 즐거운 세상을 만들어 가는 콘텐츠를 만듭니다.
- 도서출판 그린북은 독자 여러분의 소중한 의견과 원고를 기다립니다.
- 잘못 만들어진 책은 구입하신 곳에서 바꾸어 드립니다.

KC마크는 이 제품이 공통안전기준에 적합하였음을 의미합니다.
제조국: 대한민국 사용 연령: 4세 이상
책장에 손이 베이지 않게, 모서리에 다치지 않게 주의하세요.

어린이의 백년 치아를 위한 치의학 도감

별난 이 재밌는 이 굉장한 이

마그다 가르굴라코바 글 | 마리 우르반코바 그림
한성희 옮김 | 권수진 감수

그린북

들어가는 글

치아의 세계에 오신 것을 환영합니다!
치아는 우리가 태어날 때부터 평생 함께하는 소중한 존재입니다. 하지만 한번 문제가 생기면 큰 불편을 겪게 되죠.
어린이부터 어른까지 누구나 치아와 관련된 고민이 있습니다. 꼭 아프지 않더라도, 치아 관리는
우리의 일상과 떼려야 뗄 수 없는 부분이기 때문입니다.

여러분도 이런 대화를 나눈 적이 있나요?

"양치했어?"
"입 크게 벌려 봐, 잘 닦았는지 볼게."
"정말 제대로 닦은 거 맞아?"
"어휴, 귀찮아. 양치질 좀 안 하고 살 순 없나?"

이 책은 바로 이런 고민에서 시작되었습니다.
양치질이 억지로 해야 하는 지루한 일이 아니라, 즐겁고 자연스러운 일상이 되도록 돕기 위해서 말이죠.
그렇다면, 어떻게 해야 할까요?
사실, 특별한 마법 같은 비법은 없습니다. 하지만 이 책을 읽다 보면 자연스럽게 답을 찾게 될 거예요.
그리고 입안을 그대로 옮겨다 놓은 듯 재미있고 생생한 그림의 매력에도 푹 빠지게 될 거예요.
특히, 귀엽고 장난기 가득한 치아 세균들을 보면 당장 칫솔을 들고 입안 구석구석을 닦고 싶어질지도 모릅니다!
이 책은 단순히 "이렇게 양치해야 해!"라고 알려 주는 것이 아니라, 양치질이 왜 중요한지,
왜 건강하게 치아를 관리해야 하는지에 대한 이유를 쉽게 설명해 줍니다.
어떤 일은 중요해서 꼭 해야 한다는 건 알지만, 정작 왜 해야 하는지는 모를 때가 있죠.
아마도 양치질이 그런 대표적인 예일 거예요.
그래서 이 책에서는 치아가 어떻게 생겼는지, 왜 중요한지, 그리고 만약 치아가 없어진다면
우리가 얼마나 불편해질지도 재미있게 알려 줍니다.
물론, 치과에도 함께 가 볼 거예요!
책을 다 읽고 나면 여러분도 이렇게 생각하게 될 거예요.
"우리의 치아는 정말 소중한 보물이구나!"
보물은 소중히 보호하고, 아껴야 하는 법이죠.
어릴 때부터 치아를 잘 관리하는 습관을 들일수록, 평생 건강한 치아를 가질 수 있답니다.

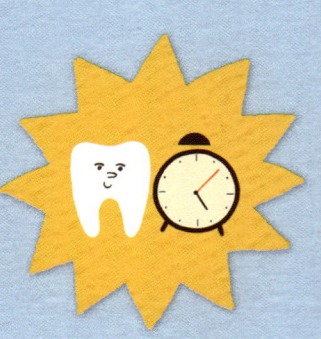

자, 그럼 지금부터 함께 시작해 볼까요?

차례

너도 치아가 있니? …… 4
안녕, 난 치아야. '이'라고도 하지 …… 5
치아는 왜 필요할까? …… 6
치아는 어디에서 나올까? 그리고 왜 아플까? …… 7
유치, 첫 번째 치아 …… 8
영구치, 평생 함께할 치아 …… 9
시간이 지나면서 치아도 변해? …… 10
치아를 잘 돌보지 않으면 어떤 일이 벌어질까? …… 12
충치를 조심해 …… 12
치아를 건강하게 지키려면? …… 14
칫솔, 어떤 걸 골라야 할까? …… 15
치아가 좋아하는 양치질 법이 있을까? …… 16
치아가 좋아하는 것 …… 18
치아가 싫어하는 것 …… 19
치과는 무서울까? 궁금한 치과 이야기 …… 20
어서 와! 치과 진료실은 처음이지? …… 21
언젠가 도움이 될지도 몰라! …… 23
흔들리는 이를 덜 아프게 빼는 방법 …… 24
만약 내가 동물의 이빨을 가졌다면? …… 25

Q&A 치과 의사 선생님에게 궁금한 것들을
더 물어보아요! …… 26

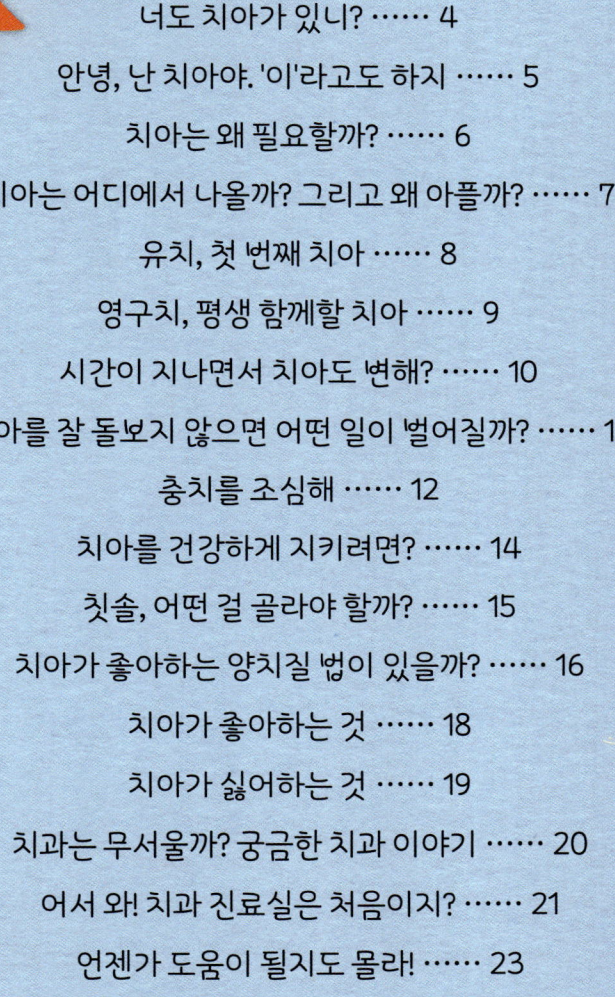

너도 치아가 있니?

치아와 관련해서 재미있는 게 뭐가 있을까요? 평생 이를 닦아야 한다니, 좀 귀찮게 느껴지나요? 날씨가 좋든 나쁘든 매일 닦아야 하고, 예외도 없어요. 심지어 할머니 댁에 가는 명절에도 닦아야 하죠. 게다가 부모님은 이가 썩는다고 맛있는 과자와 케이크를 못 먹게 하고 항상 치아 상태를 확인하니까, 별로 좋지 않죠. 눈곱만큼도 재미가 없는데 왜 자꾸 치아, 치아 하는 거죠?

자, 한번 볼까?

치아는 재미있으라고 있는 게 아니라 꼭 필요한 거예요. 우리한테는 치아가 아주 중요해요. 우리는 악어나 상어와 달리, 이가 계속해서 자라지 않거든요. 평생 단 두 번, 유치와 영구치만 나죠. 영구치를 잃으면 절대로 다시 나지 않아요! 이가 빠지지 않도록 진짜 잘 관리해야 해요. 인생은 길어요. 이 없이 산다는 것은 상상할 수도 없어요!

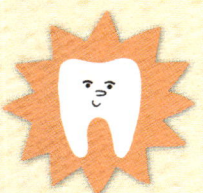

그럼, 치아에 대해 하나하나 알아볼까요? 치아는 양치질 외에도 알아볼 게 정말 많아요.

안녕, 난 치아야. '이'라고도 하지

우리 집은 입이야. 다른 치아와 함께 쓰고 있지. 사실 온 가족이 살고 있어. 우리 중 일부는 위에 살고, 일부는 아래에 살아. 우리는 모두 단단하고 탄력성이 있어. 알다시피 우린 입안에 있잖아. 그런데 아마도 넌 우리 내부가 어떻게 생겼는지 잘 모를 거야. 입안에서 보이는 건 단지 일부일 뿐이거든.

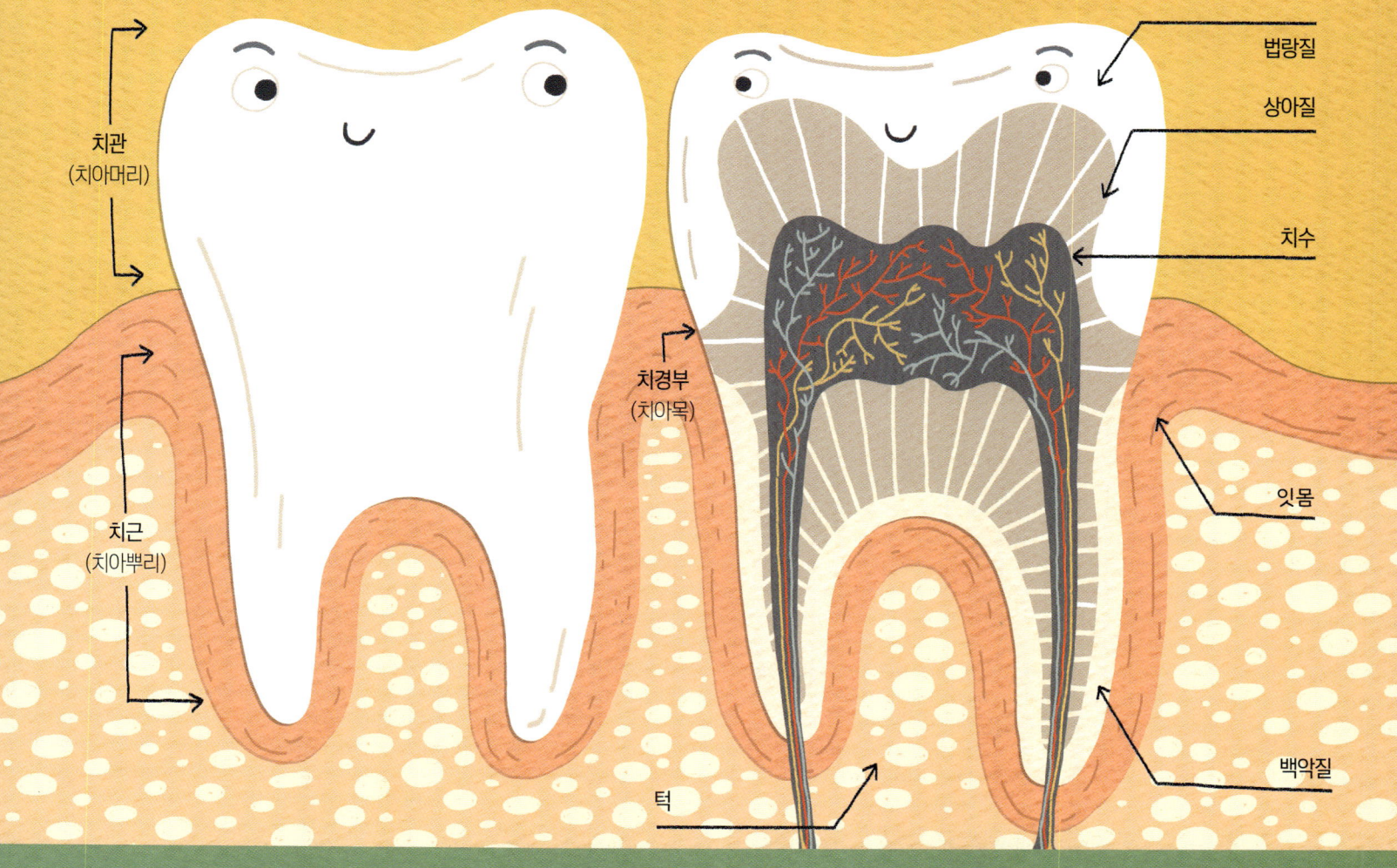

치관 - 입을 벌리면 눈에 보이는 치아 부분으로, 법랑질이 보호해요.

치근 - 치아에서 보이지 않는 부분으로 중요한 기능을 해요. 이가 빠지지 않도록 턱뼈 속에서 치아를 단단히 잡아 줘요.

치경부(치아목) - 잇몸에 숨겨져 있으며, 치관과 치근을 구분해요.

법랑질 - 치관을 덮어서 보호해요. 두께가 1~3 밀리미터로, 법랑질은 아주 단단하고 강해요. 그런데 한번 망가지면 다시 재생되지는 않아요.

상아질 - 황백색으로 치아 대부분을 이루는 뼈와 비슷한 물질이에요.

치수 - 치아 안쪽의 부드러운 조직으로 신경과 혈관이 있어요. 치수는 치아에 영양을 공급하고, 뜨겁거나 차가운 것을 느끼게도 해요.

백악질 - 뿌리를 덮는 얇은 덮개로, 치아가 턱뼈에 고정되어 있도록 도와줘요.

턱 - 치아의 뿌리가 놓여 있는 뼈예요. 아래턱은 움직여서 음식을 씹을 수 있게 해 줘요.

잇몸 - 치아를 둘러싼 점막이에요.

치아는 왜 필요할까?

치아가 입안에서 없어졌다고 잠시 상상해 보세요. 이 하나가 빠진 게 아니라, 몽땅 빠졌다고 말이죠. 진짜 끔찍하겠죠? 이가 있다는 건 여러 가지 이유로 중요하답니다.

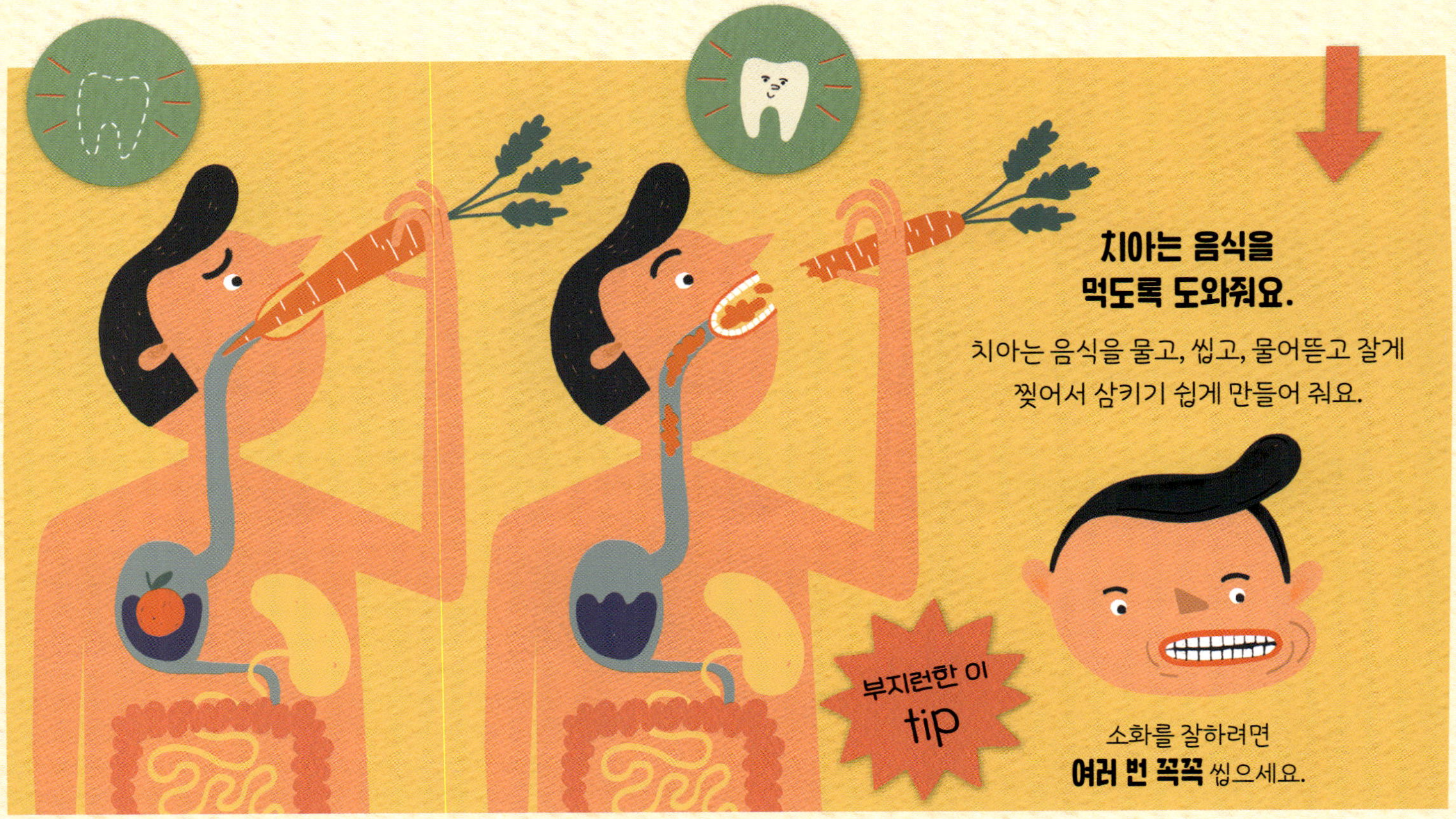

치아는 음식을 먹도록 도와줘요.

치아는 음식을 물고, 씹고, 물어뜯고 잘게 찢어서 삼키기 쉽게 만들어 줘요.

부지런한 이 tip

소화를 잘하려면 **여러 번 꼭꼭** 씹으세요.

치아는 우리가 말하는 데 영향을 줘요.

이가 없으면, 발음이 부정확해져서 말을 또렷하게 하기 어려워요.

치아는 예쁜 미소를 만들어 줘요.

치아가 예쁠수록, 미소도 더 예뻐요.

치아는 얼굴형을 만들어 줘요.

치아는 어디에서 나올까?
그리고 왜 아플까?

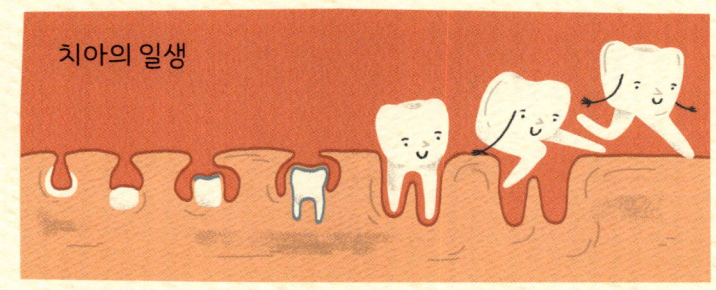

치아의 일생

어느 날 입안에서 이가 나기 시작해요. 치아가 잇몸 속에 숨어 있다가 밖으로 밀고 나오죠. 그때는 우리가 아직 아기라서 잘 기억하지 못해요. 그편이 차라리 나아요. 이가 자라면서 아픔을 더 생생히 느끼게 되는데, 어떤 이는 다른 이보다 더 아프거든요. 부모님도 우리와 아픔을 함께하죠. 치아가 잇몸을 뚫고 나와야 하는데, 쉬운 일이 아니거든요. 그러니까 이가 새로 날 때마다 축하해야 해요!

동생아, 서두르지 마!

유치가 자라기 시작하면 이런 일이 일어날 수 있어요.

짜증이 나서 잘 울어요.

뺨이 빨개지고, 제대로 먹지 못하고, 잠도 잘 못 자요.

입안에 손가락을 집어넣어요.

열이 나요.

다행히 다음의 요령과 보조 기구로 아픔을 이겨 낼 수 있어요.

신기하고 다양한 모양과 색깔, 크기의 치아 발육기(치발기, 깨물고 노는 장난감)

냉각 젤 (바르면 시원한 느낌이 들어서 잇몸이 간지럽거나 아플 때 사용)

잇몸 마사지

포옹하기

허브 추출물 (통증 완화에 도움)

물약 진통제

우리는 평생 치아가 **두 번** 납니다.

이유가 뭘까요? →

유치, 첫 번째 치아

젖니라고도 해요. 유치는 아기가 엄마 뱃속에 있을 때 생기지만, 생후 6개월쯤이 되어서야 잇몸을 뚫고 나와요. 대부분의 경우 가장 먼저 나는 유치는 아래 앞니이고, 위의 어금니가 가장 나중에 나요. 유치가 다 나면, 모두 20개가 됩니다. 대략 6살 정도가 되면 하나씩 빠지기 시작해서 영구치로 바뀌어요.

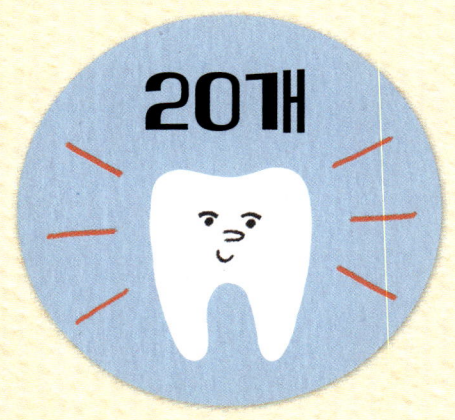

어린이 치아 박사
어떤 치아는 다른 치아보다 뿌리가 더 많아요.

내가 만난 첫 치아야.

치아의 종류

사람의 입안에는 다양한 치아가 있어요. 치아는 먹을 때 하는 역할에 따라 모양과 크기가 다 달라요. 물어뜯는 치아일까요? 아니면 씹는 치아일까요? 똑같은 종류의 치아가 좌우에 있고, 위쪽 치아는 아래쪽 치아와 비슷해요.

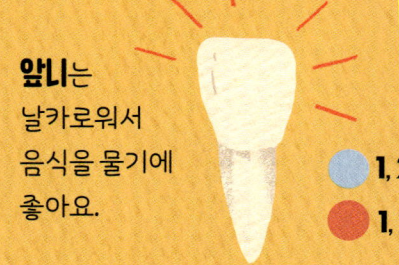

앞니는 날카로워서 음식을 물기에 좋아요.
🔵 1, 2
🔴 1, 2

송곳니는 큰 음식을 잘게 부수게 도와줘요.
🔵 3
🔴 3

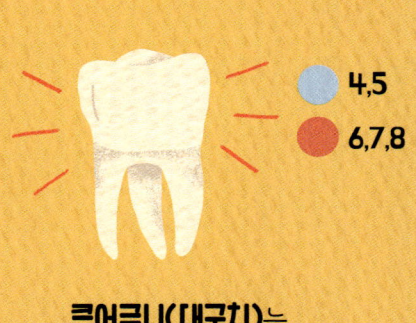

큰어금니(대구치)는 가장 큰 치아로, 무는 면과 작고 뾰족한 돌기가 있어서 음식을 으깨고 갈아 줘요.
🔵 4, 5
🔴 6, 7, 8

영구치, 평생 함께할 치아

영구치는 보통 6살쯤에 처음 나기 시작해요. 몇 년에 걸쳐 하나씩 자라죠. 영구치는 작은 유치 밑에서 조바심 내며 기다리다가 점차 밀고 나와서 그 자리를 차지해요. 13살쯤이 되면, 모든 유치가 영구치로 싹 다 바뀌어요. 마지막 어금니인 사랑니 (그림 속 8번 치아)는 나중에 자라긴 하지만요. 영구치는 유치보다 더 크고, 개수도 12개(사랑니 4개 포함) 더 많아요. 어른 입속에는 32개의 치아가 있어요. 한번 세어 볼까요?

두 번째이자 마지막 치아야.

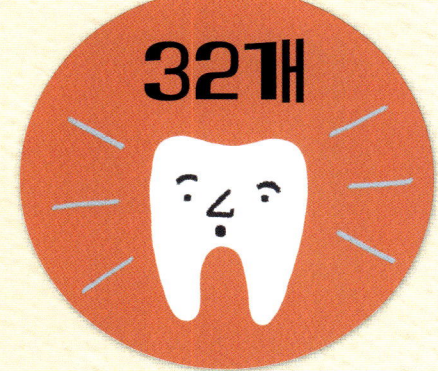

32개

*사랑니는 사람마다 있기도 하고, 없기도 해요. 1~4개로 다양하죠. 사랑니를 제외하면 영구치는 모두 28개랍니다.

작은어금니(소구치)는 영구치에만 있어요. 유치 어금니(유구치) 위치에 작은어금니가 나요. 작은어금니는 큰어금니와 매우 비슷하지만, 큰어금니보다 뿌리와 돌기 수가 적어요.

'세 번째' 치아도 있어?

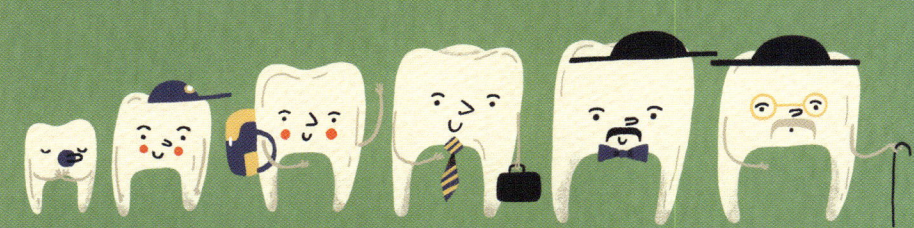

치아는 우리와 함께 나이를 먹어요. 치아도 점점 약해지고 닳아요. 나이가 아주 많은 사람은 '세 번째 치아'라고 불리는 인공 치아인 틀니를 갖게 되죠. 그러니까 오랫동안 건강한 이를 유지하려면 평소에 잘 관리해야겠죠?

시간이 지나면서 치아도 변해?

이제 치아가 다른 속도로 서서히 나온다는 사실을 알았어요. 어떤 치아는 다른 치아보다 더 오래 기다려야 해요. 두 개가 한꺼번에 나오기도 하죠. 잇몸에 이가 있는 것 같은데, 그 후로 오랫동안 나오지 않을 때도 있어요. 때에 따라, 치아의 개수는 기본적으로 우리가 뭘 먹을지에 영향을 줍니다.

생후 3개월
유치가 나기를 기다리고 있어요.

생후 6~10개월
유치가 나왔어요! 우아! 그런데 더 많았으면 좋겠어요. 그래야 아작아작 씹기 시작할 수 있거든요.

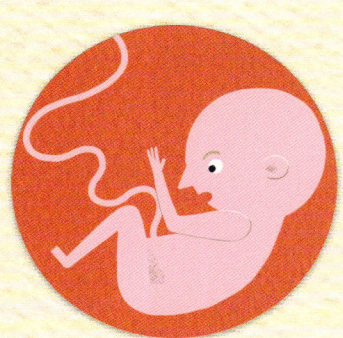

태어나기 전
치아는 엄마 뱃속에서 자라는 동안 이미 생기기 시작해요. 태어난 후 당장 필요하지 않더라도 치아는 잇몸 속에서 차근차근 자라고 있어요.

갓 태어났을 때
우리는 대부분 치아가 나지 않은 채로 태어나요. 그래서 치아가 보이지 않아요. 아기들은 엄마 젖을 먹고 자라기 때문에 처음에는 치아가 필요하지 않아요.

생후 5개월
여전히 유치를 기다리고 있어요. 뭔가 물고 싶지만, 씹고 싶지는 않아요.

생후 8~30개월
치아가 하나씩 자라기 시작하면서 씹는 법을 알게 되죠.

3살쯤
이제 유치가 완전히 다 났어요! 뭐든 씹을 수 있어요.

6살쯤
첫 영구치인 어금니가 나와요. 유치가 하나씩 빠지기 시작하죠. 이가 빠져서 웃을 때 보였던 빈 공간에서 곧 새 이가 날 거예요.

8살쯤
유치가 계속 영구치로 바뀌어요. 몇 년 더 이럴 거예요.

13살쯤
치아는 28개로, 거의 다 났어요. 웃을 때 보였던 빈 공간도 더 이상 없어요. 그런데 마지막 4개의 치아는 어디에 있죠? 32개가 있어야 해요!

18살쯤
마지막 어금니인 사랑니는 18살 때 자라는 편이에요. 어떤 사람은 사랑니가 나중에 나거나 아예 안 나기도 해요. 사실 사랑니는 우리한테 꼭 필요한 이는 아니에요. 우리는 이미 물고 씹는 데 필요한 치아를 충분히 가지고 있거든요.

치아를 잘 돌보지 않으면 어떤 일이 벌어질까?

이 질문의 답을 알고 있을 거예요. 그래도 함께 큰 소리로 말해 볼까요? 우리는 치아를 잘 관리해야 해요. 유치도 포함해서요. 그 이유는…….

치통으로 괴로울 테니까, 치아를 잘 관리해야 아프지 않아요.

충치에서 나는 냄새가 주변 사람들에게 불쾌감을 줄 수 있으니까, 잘 관리해야 숨 쉴 때 상쾌한 냄새가 나죠.

그래야 좋아하는 음식을 뭐든지 먹을 수 있어요. 치아가 없으면 으깬 음식 외에는 없을 수 없거든요.

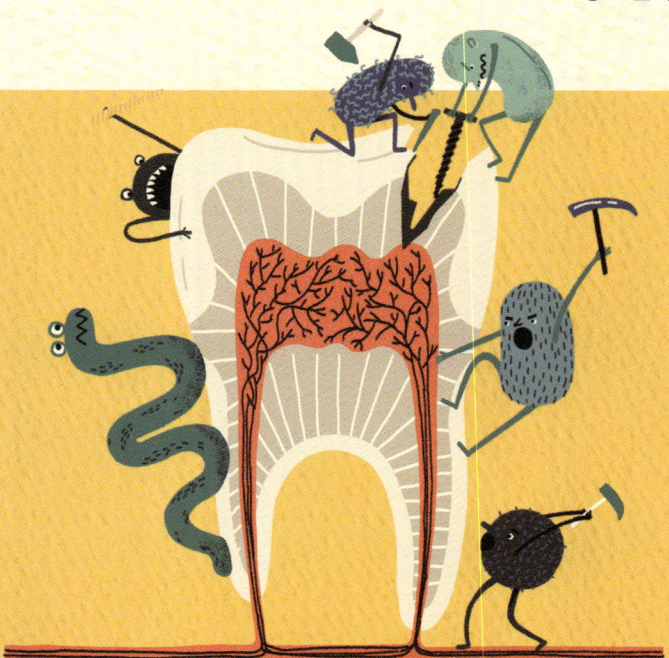

충치를 조심해

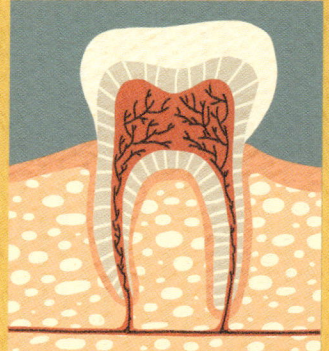
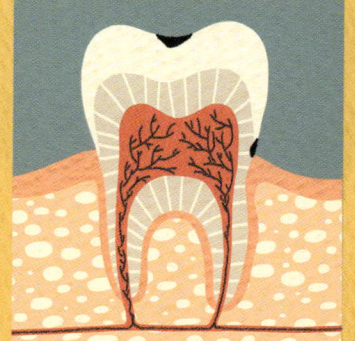

치아를 제대로 관리하지 않으면 충치가 생겨요. 충치는 갑자기 불쑥 생기는 게 아니라, 입안에 사는 세균으로 인해 생기죠. 세균은 특히 치아에 쌓이는 보이지 않는 얇은 막인 플라크(치태)를 아주 좋아해요. 이 세균이 음식물에 든 당분을 산으로 바꿔 버리고,

그래야 멋진 미소를 지을 수 있어요. 썩은 이는 보기에 안 좋잖아요.

치아를 잘 관리하면 치과에 계속 갈 필요가 없어요. 그 시간을 더 즐겁게 보낼 수 있어요.

우리가 말하는 내용을 다른 사람이 알아들을 수 있어요. 이가 빠지면 발음이 샐 수 있어요.

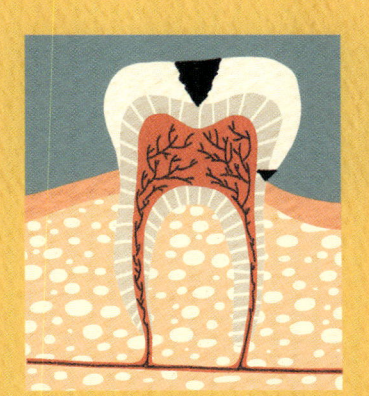 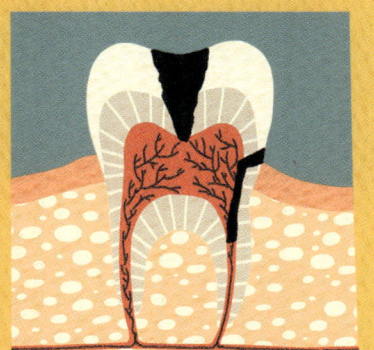

이 산이 치아에 있는 법랑질을 공격해서 충치가 생기는 거랍니다. 조건이 맞으면 충치가 퍼져서 치아 속으로 파고들어요. 충치가 신경이 있는 치수에 닿으면 치통으로 아프기 시작해요.

충치는 몰래 숨어 있어요. 잘 보이지 않아서 이가 아플 때까지 충치가 있는지도 몰라요. 충치와 싸우는 가장 좋은 방법은 치아를 제대로 닦아서 충치가 생기지 않도록 예방하는 거예요. **어떻게 해야 할까요?**

치아를 건강하게 지키려면?

다행히도 충치가 생기지 않도록 도와주는 것들이 많이 있어요. 이 도구들을 잘 사용하고 자주 이용한다면, 충치는 우리 치아에서 멀리 달아날 거예요!

칫솔
유일하게 칫솔만이 치아 표면에 생기는 끈적끈적한 치태를 효과적으로 없애 줘요. 칫솔은 치아에 맞는 크기로, 칫솔모가 부드럽고, 빽빽하며 곧아야 해요.

어금니 칫솔(첨단 칫솔)
어금니 칫솔은 치아를 하나씩 닦아 줘요. 칫솔 머리가 작아서 닿기 힘든 곳까지 닦을 수 있어요. 어금니 칫솔은 치약을 묻히지 않고 사용해요.

치약
치약은 치아에 불소를 공급하며, 법랑질을 튼튼하게 하여 충치를 막아 줘요. 치약 냄새가 좋으면 입냄새도 좋아요.

치실
치실은 치아 사이를 닦아 줘요. 치실을 잘 쓰려면 연습이 필요해요. 초보자는 사용하기 편한 손잡이형 치실로 시작하는 것이 좋아요.

치간 칫솔
일반 칫솔이 닿지 못하는 치아 사이의 좁은 틈을 깨끗이 닦아 줘요. 치간 칫솔에는 치약이나 물을 묻히지 않아요.

손가락 칫솔
아기의 작은 치아를 닦고, 잇몸을 부드럽게 마사지해 줘요.

칫솔, 어떤 걸 골라야 할까?

칫솔은 놀라울 정도로 종류가 많아요. 마트에서 칫솔 하나 고르는 데도 오래 걸릴 수 있어요. 긴 칫솔이 더 좋을까요? 아니면 재밌게 생긴 칫솔이 더 좋을까요? 가장 좋은 칫솔은 사실 아주 평범하게 생긴 칫솔이에요. **그렇다면 어떤 칫솔이 가장 좋을까요? 그리고 그 이유는 무엇일까요?**

적합하지 않아요

너무 큰 칫솔
크기가 커서 입안 구석구석까지 다 닿지 못해요. 또한 잇몸이 다칠 수 있어요.

너무 길이가 다른 칫솔
길이가 다른 칫솔모는 잘 닦이지 않아요. 가장 잘 닦이는 칫솔모는 일자로 깔끔하게 잘려 있는 것이에요.

너무 거친 칫솔
이 칫솔은 치태를 잘 제거하지 못하고, 오히려 거친 칫솔모로 법랑질과 잇몸에 상처를 낼 수 있어요.

가끔은 사용해도 돼요

전동 칫솔
전동 칫솔은 스스로 움직이며 알아서 이를 닦아 줘요. 하지만 일반 칫솔로 닦는 법을 배워야 하므로, 전동 칫솔은 가끔씩만 쓰는 것이 좋아요.

바로 이거예요!

작은 칫솔 머리와 매우 부드럽고 촘촘하며 일자로 정리된 칫솔모가 입안 모든 곳에 닿아 깨끗이 닦아 줘요. 칫솔모가 많을수록 더 좋아요.

언제 칫솔을 바꿔야 할까요?

1×))) 3개월마다

 감기나 독감에서 나을 때마다

칫솔모가 이렇게 생겼을 때

치아가 좋아하는 양치질 법이 있을까?

양치질은 단순히 칫솔에 치약을 묻혀 입에 넣고 좌우로 움직이는 것만은 아니에요. 그렇다고 어렵거나 복잡하지도 않아요. 일단 방법을 알면 아주 쉽게 익힐 수 있어요. 한번 제대로 배워 볼까요?

 1× 아침에 한 번
 1× 저녁에 한 번
 2-3 2~3분 동안

*아침, 점심, 저녁, 하루에 3번 하는 것도 좋아요.

1.
칫솔을 흐르는 물에 적셔요.

2.
칫솔에 적당량의 치약을 짜요.

3.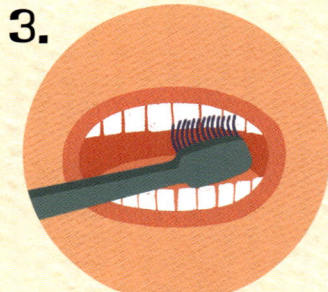
칫솔을 수평이 아니라 약간 기울여서 잡아요.

4.
윗니 앞쪽을 원을 그리듯 둥글게 움직이며 닦아요. 아랫니도 똑같이 해요.

5.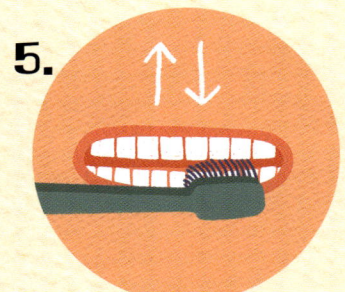
윗니 앞쪽을 위에서 아래로, 아랫니 앞쪽을 아래에서 위로 짧게 쓸어내리듯 닦아요.

6.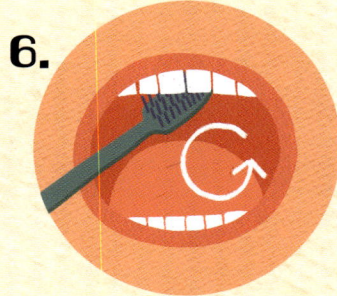
윗니와 아랫니의 뒷면을 원을 그리듯 둥글게 움직이며 닦아요.

7.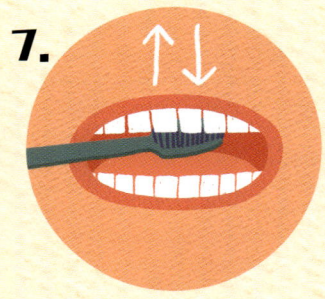
윗니 뒷면은 위에서 아래로, 아랫니 뒷면은 아래에서 위로 짧게 쓸어내리듯 닦아요.

8.
윗니와 아랫니의 무는 면과 씹는 면을 닦아요.

9.
혓바닥도 닦아요.

10.
입안을 물로 헹군 후 세면대에 뱉어요.

11.
칫솔을 뜨거운 물로 씻은 후 말려요.

12.
치아가 아주 잘 닦였어요. 축하합니다!

치아가 반짝! 효과적인 양치 꿀팁

양치질을 하면서 잇몸도 부드럽게 마사지해 주세요.

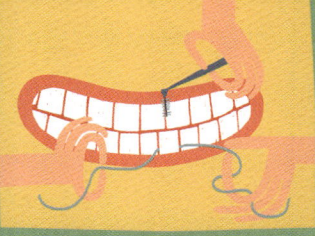
이따금 치간 칫솔이나 치실로 치아 사이를 청결히 청소해 주세요.

0~3살
3~6살
6살 이상

치약은 적당량만 사용하세요.

살살 닦아요. 양치질이 아프면 잘못된 방법일 수 있어요.

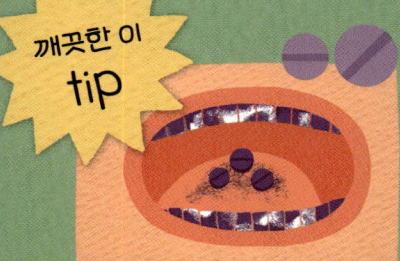

깨끗한 이 tip
치과 의사에게 치태를 보여 주는 특수한 보라색 알약 (또는 '치면 착색제'라고 하는 빨간 액체)을 부탁해서 더 꼼꼼히 닦을 수 있어요.

칫솔을 원을 그리듯 둥글게 움직이며 닦는 것이 효과적이에요.

절대 안 돼!

양치질하면서 딴짓하는 것.

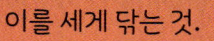
이를 세게 닦는 것.

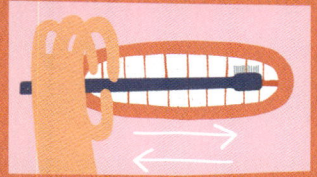
칫솔을 좌우로 힘을 주어 세게 닦는 것.

윗니와 아랫니를 동시에 닦는 것. 그러면 물순물이 아래쪽 잇몸에 남게 돼요.

칫솔을 씹는 것. 칫솔이 망가져서 더 이상 잘 닦이지 않아요.

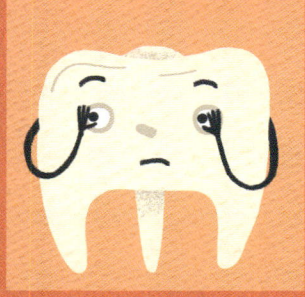
어금니가 잘 보이지 않고 뒤쪽에 있어서 깜박 잊고 닦지 않는 것.

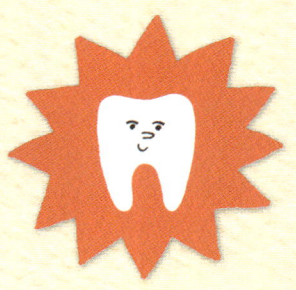

케이크, 과자, 탄산음료는 우리가 즐겨 먹는 음식이에요. 문제는 이렇게 맛있는 음식이 치아를 상하게 할 수 있다는 거예요. 이들 음식에는 치아에 가장 해로운 설탕이 많이 들어 있거든요. 하지만 적당히 먹으면 괜찮으니까, 걱정하지 말아요. 게다가 치아에 좋은 다른 맛있는 음식도 많아요.

치아가 좋아하는 것

우유
입안의 산을 중화시켜 치아가 덜 상하게 해 줘요.

유제품
우유, 치즈, 요구르트는 치아에 칼슘을 공급해 치아를 더 튼튼하게 하고 법랑질을 단단하게 만들어요.

음식을 꼭꼭 씹기
꼭꼭 씹으면 치아가 깨끗해지고, 잇몸을 마사지하며 침이 더 나오게 해요.

물
치아에 가장 좋은 음료예요. 치아 법랑질은 나쁜 것이 섞이지 않은 음료 중 하나인 물을 가장 좋아해요.

불소
불소(플루오린화 이온)는 치아를 더 튼튼하게 만들어 줘요. 나이에 맞는 적당한 양의 불소가 든 치약을 사용하세요. 치약에 불소 함량이 적혀 있어요.

녹색 채소
양배추, 콜리플라워, 시금치, 브로콜리는 모두 잇몸을 건강하게 하고 몸에 칼슘을 공급해요.

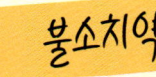

사과
사과를 아삭아삭 베어 먹으면 잇몸에 좋은 마사지가 되죠.

치아가 싫어하는 것

이갈이
치아 법랑질이 닳고 턱이 아플 수 있어요.

설탕이 많은 음식
설탕이 많이 들어 있을수록, 세균을 더 많이 끌어들여요. 세균으로 인해 결국 충치가 생기죠.

사탕
치아에 아주 해로워요. 말랑말랑한 사탕은 치아에 착 달라붙어 빨리 녹지 않고 쉽게 떨어지지 않아요. 딱딱한 사탕은 입안에서 굴러다니면서 더 많은 세균을 끌어와요.

달콤한 음료
법랑질을 가장 많이 갉아 먹어요. 무가당 탄산음료도 마찬가지예요.

설탕이 든 껌
껌을 씹고 싶다면 대신 무설탕 껌을 씹으세요.

물건을 물고 있거나 깨물기
손톱을 물어뜯거나 입안에 얼음 같은 것을 물고 있으면 치아가 닳아서 망가질 수 있어요. 예를 들어 아기가 입에 무는 고무젖꼭지나 엄지손가락 빨기는 유치가 삐뚤게 자라게 하는 원인이 될 수 있어요.

좋기도 하고 나쁘기도 해

과일
과일에는 비타민이 많이 들어 있지만, 설탕과 산도 많아요. 산은 치아 법랑질을 약하게 만들 수 있어요.

감귤류
너무 많이 먹으면 치아 법랑질이 상할 수 있어요.

무설탕 껌 씹기
산을 씻어 내는 침이 나오게 도와줘요. 인공 감미료가 들어 있어서 꼭 좋은 것만은 아니에요.

치과는 무서울까? 궁금한 치과 이야기

처음 치과에 가기에 가장 좋은 시기는 첫돌이 되었을 때예요. 치과 의사는 치아 관리 전문가랍니다. 치과 의사는 충치가 생겼는지 확인하고, 충치를 치료해서 더 퍼지지 않도록 막을 수 있어요. 진찰을 받을 때는 입을 크게 쫙 벌리고 있기만 하면 되죠. 치과 의사는 치아를 하나씩 자세히 살펴봐요. 충치가 생기거나 치아가 제대로 나지 않으면, 치과 의사가 해결해 줄 거예요.

치과에 가야 할 때

이가 아프거나 충치가 생긴 것 같을 때

사고로 얼굴을 다쳤을 때

입안과 치아가 다 괜찮은 것 같아 보여도 6개월마다 한 번씩

치과에서 만나는 사람들

치과 의사, 치과 의사를 보조해 주는 사람

치과에 가기 전에 느끼는 감정

긴장 / 기대감, 흥분 / 침착함 / 혼란스러움, 당황스러움 / 망설임 / 두려움

도움이 되는 것들

치과에서 무엇을 하게 될지 부모님과 치과 의사 선생님과 미리 이야기 나누기

좋아하는 장난감 가져가기

엄마나 아빠의 손을 꼭 잡고 있기

자신만의 방법으로 마음을 편하게 하기 (예: 눈을 감고 배를 타고 있는 상상을 해 보세요!)

어서 와! 치과 진료실은 처음이지?

치과 진료실은 치과 의사가 환자를 진찰하는 곳이에요. 똑똑한 기구와 도구로 가득하죠. 진료실에 들어서면 제일 먼저 커다란 의자가 보일 거예요. 이 의자에는 여러 개의 관과 장치가 연결되어 있고, 그 위에는 큰 전등이 있어요. 처음 보면 마치 우주에서 온 첨단 기계처럼 이상하고 낯설게 보일 수도 있지만, 전혀 무서워할 필요 없어요. 의자에 앉으면, 치과 의사는 의자 높이를 조절해 줄 거예요. 그러면 여러분은 치과 의사에게 여러분의 치아를 다 보여 주기만 하면 되죠. 치과 의사는 여러분의 치아를 하나하나 살펴볼 거예요.

타구대
진찰하는 동안에 일어나지 않고 침을 뱉는 작은 세면대

치과용 램프
치과 의사가 입안을 더 잘 볼 수 있도록 불빛을 비춰요.

타액 흡입기
입에서 나오는 침을 빨아들이는 작은 진공청소기

환자용 의자

여러 기구들
치과 의사는 진찰 중에 탐침(충치가 있는지 확인하는 뾰족한 기구), 치과용 거울, 드릴, 핀셋을 사용해요.

페달
치과 의사가 의자의 높이와 위치를 조절하는 데 사용해요.

바퀴 달린 의자
이 의자에 앉으면 치과 의사가 진료하는 동안에 쉽게 움직일 수 있어요.

검진 과정

전체 검진 → 충치 없음 → 다음에 보자!
→ 충치 발견 → 치료 →

치과용 의자

이 의자는 다양한 각도로 기울이고 다른 높이로 조절할 수 있어요. 여기에 앉거나 누울 수도 있어요. 치과 의사는 환자의 입안이 가장 잘 보이도록 의자를 조절해요.

타구대

검사하는 동안에 언제든지 여기에 침이나 물을 뱉을 수 있어요. 수도꼭지를 틀지 않아도 컵에 물이 저절로 채워져요.

치과 기구들

이 기구들은 다양한 모양과 크기와 기능을 가지고 있어요. 탐침은 어디에 쓰는 기구일까요? 끝이 뾰족한 탐침은 치과 의사가 충치를 찾는 데 도움을 줘요

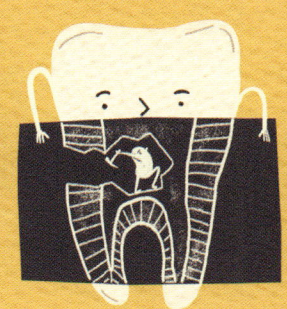

엑스레이 기계

이 놀라운 기계는 맨눈으로 보이지 않는 것들을 치과 의사에게 보여 줍니다. 숨어 있는 충치를 찾아내고, 이가 삐뚤게 자라고 있는지도 알려 주죠.

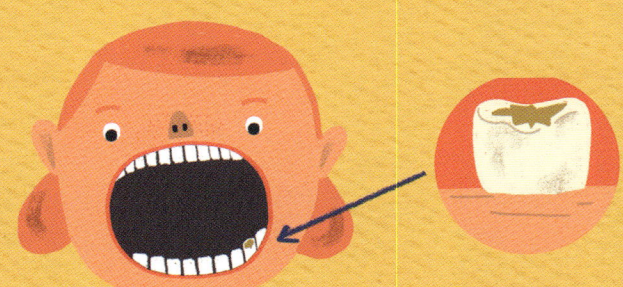

충전재

충치로 인해 생긴 빈 공간을 채우는 재료예요. 여러 재질이 있으며 색깔이 다양해요. 치아와 비슷한 흰색을 가장 선호해요. 충치가 퍼지는 것을 막아 주고, 음식을 편하게 씹을 수 있도록 도와줘요.

치과 위생사

치아 건강 관리 전문가인 치과 위생사를 만나 얘기를 나누는 것도 좋아요. 치과 위생사는 치과 위생에 대해 모든 것을 알고 있어서 칫솔질, 치실 등 기꺼이 조언해 주거든요.

행복한 이 tip

보너스 간식
이를 뽑으면 좋은 점이 있어요. 아주 차가운 아이스크림을 먹는 것이 치료에 도움이 되기 때문에 마음껏 즐길 수 있다는 거예요.

아플까요?
만약 치아를 드릴로 치료해야 한다면, 걱정하지 마세요. 치과 의사는 특수한 스프레이를 사용해 거의 아무 느낌도 나지 않게 해 줄 거예요. 통증도요.

보상
알고 있나요? 모든 치과 의사에게는 비밀 서랍이 있어요. 그 안에는 용감한 환자를 위한 작은 선물이 들어 있답니다. 지난번에 어떤 선물을 골랐나요?

언젠가 도움이 될지도 몰라!

교정기
치아가 삐뚤어지거나, 엇갈리게 자랐다거나, 혹은 이 사이에 틈이 생기면 교정기가 필요해요. 교정기는 뺐다 끼울 수 있는 탈착식과 치아에 붙이는 고정식이 있어요. 교정기를 착용하면 이를 조심히 더 꼼꼼하게 닦아야 하고, 교정 전문 치과 의사를 정기적으로 방문해야 해요.

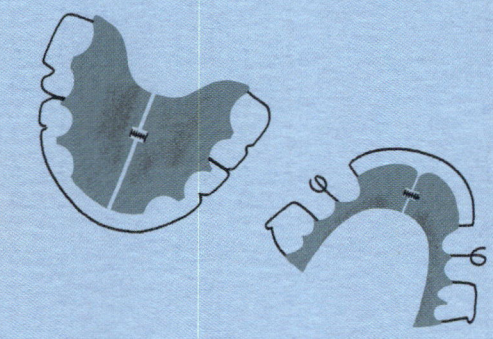

인공 치아
영구치를 잃으면, 인공 치아로 대체해야 해요. 인공 치아는 전체 치아를 교체할 수도 있고, 일부만 씌울 수도 있어요.

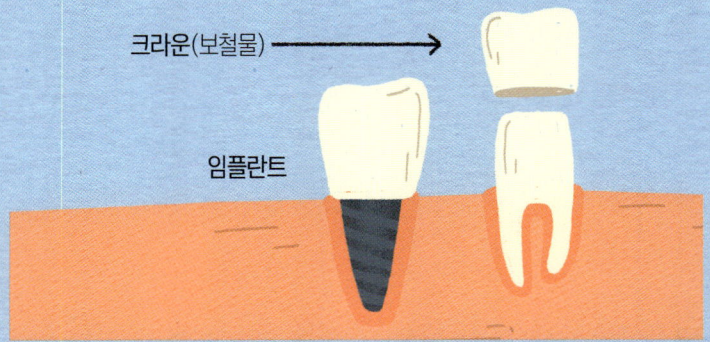

크라운(보철물) →

임플란트

치아에 끼우는 틀니
주로 자연 치아를 모두 잃은, 나이 많은 어른들이 사용해요. 대부분의 경우, 겉으로 봐서는 진짜 치아와 구별하기 어려울 정도로 자연스러워요. 비록 자연 치아는 아니지만 큰 도움을 주는 세 번째 치아라고 할 수 있어요.

흔들리는 이를 덜 아프게 빼는 방법

흔들리는 이를 뽑아 본 적 있나요? 어떤 이는 금방 빠지지만, 혀로 계속 건드리는데도 빠지지 않고 버티는 이도 있어요. 이럴 땐 어떻게 하면 좋을까요? 여기 몇 가지 방법이 있어요.

입안에 손을 넣기 전에, 손을 깨끗이 씻어요.

유치는 아래에서 영구치가 올라오면서 뿌리가 점점 짧아지기 때문에 자연스럽게 빠질 때 아프지 않아요.

저절로 빠질 때까지 기다려요.

⚠ 주의
재밌게 이를 빼는 방법이에요. 하지만 권장하는 방법은 아니랍니다.

이가 빠질 때까지 계속 흔들어요.

아니면 아빠에게 이를 뽑아 달라고 부탁해요.

⚠ 주의

실 한쪽 끝을 이에 묶고, 다른 쪽 끝을 문고리에 묶어요. 형이나 누나 또는 동생에게 문을 세게 쾅 닫아 달라고 해요. 이가 쏙 빠질 거예요!

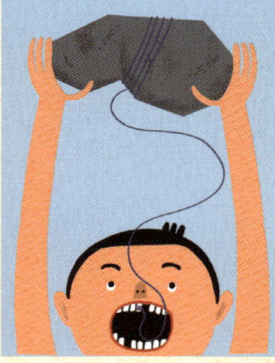

실 한쪽 끝을 이에 묶고, 다른 쪽 끝을 제법 큰 돌에 묶어요. 돌을 발에서 멀리 떨어진 곳에 뚝 떨어뜨려요!

그래도 안 되면 치과 의사 선생님께 맡겨요.

만약 내가 동물의 이빨을 가졌다면?

여러분은 사람이 낙타나 비버의 이빨을 가지고 있다면 어떤 모습일지 상상해 본 적이 있나요? 없다고요? 그렇다면 여기를 한번 보세요. 정말 흥미롭지 않나요? 그리고 한 가지 더! 이 그림들은 동물마다 자신에게 꼭 맞는 이빨을 가지고 있고, 그것이 음식을 물고, 씹고, 뜯고, 찢는 데 꼭 필요하다는 사실을 보여 줘요. 그 말은 우리 각자에게 적합한 이가 있다는 뜻이기도 해요.

박쥐

비버

낙타

하마

코끼리

악어

호랑이

뱀

상어

일각돌고래

> 매일 부지런히 일하며
> 나를 지켜 주는 든든한 친구, 치아!

치과 의사 선생님에게
궁금한 것들을 더 물어보아요!

권수진(치과 전문의, 서울대학교 치과대학 박사 수료)

사랑니는 꼭 뽑아야 하나요? 사랑니는 왜 나기도 하고 안 나기도 하나요?

사랑니는 없는 사람도 있고, 1개에서 4개까지 사람마다 각자 다른 개수를 갖고 있어요. 크기와 형태, 그리고 나오는 과정도 각기 다릅니다. 사랑니 앞의 큰어금니처럼 머리가 완전히 잇몸 바깥으로 나오는 경우도 있지만, 경사가 져서 비스듬히 나오는 경우도 있어요. 그리고 아예 평생 나지 않는 경우도 있답니다.

사랑니가 나와 있는 경우에는, 큰어금니 뒤쪽까지 양치질하는 것도 어려운데 그 뒤의 사랑니까지 깨끗이 잘 닦는 것은 쉽지 않아요. 그래서 대부분 충치가 생기거나 잇몸 질환으로 뽑게 되는 경우가 많아서, 치과에서는 사랑니 앞의 큰어금니를 건강하게 관리할 수 있도록 예방적인 차원에서 사랑니를 뽑는 것을 권유해요.

그리고 아예 잇몸 밖으로 나오지 않은 사랑니는 치과에서 검진 후 문제가 없다면 꼭 뽑을 필요는 없어요. 사랑니는 사람마다 다르게 나타나는 신비로운 치아랍니다!

충치는 전염된다는 이야기를 들었어요. 정말인가요?

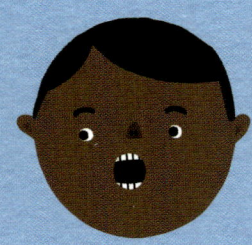

네, 안타깝게도 충치는 사람에서 사람으로 전염이 돼요. 갓 태어난 신생아에게는 충치 세균이 없어요. 하지만 보호자나 다른 사람의 침을 통해 점차적으로 세균이 전해질 수 있어요. 아기와 입맞춤을 하거나 숟가락 같은 여러 식기 등을 통해 옮겨질 수 있으니 전해지지 않도록 주의하는 것이 좋아요. 단것을 아무리 많이 먹어도 세균이 없다면 충치가 생기지 않거든요.

간혹 보호자 중에 침이 전달되는 것이 면역을 높인다고 착각을 해 씹은 음식을 아기에게 먹이는 경우가 있어요. 안타깝게도 이럴 경우 입안 세균은 완전히 박멸할 수 없어요. 어린아이들은 충치 세균에 노출되는 시기가 늦어질수록 평생 충치가 생길 확률이 낮아지기 때문에 충치를 예방하기 위해서는 조심하는 것이 좋아요.

치아가 뿌리째 빠지거나 흔들릴 때 응급 처치는 어떻게 하나요?

평생 사용해야 하는 영구치가 뿌리째 빠진 경우는 치과에서 빠르게 치료해야 하는 응급 상황입니다. 가장 중요한 것은 최대한 빨리 치과에 방문하는 것이에요. 이때, 빠진 치아를 휴지에 싸서 오거나 물에 담가 오면 안 됩니다. 우리 눈에는 보이지 않지만 치아 뿌리에는 세포들이 붙어 있는데, 이 세포가 손상되지 않는 것이 중요해요. 치아를 물속에 담가 오면 세포가 '삼투압'으로 인해 깨질 수 있기 때문에 식염수, 우유 또는 입안의 침 속에 보관해서 오는 것이 좋습니다.

치아가 뿌리째 빠진 것이 아니라 흔들리는 경우에도 치과에서 정확한 검사를 받아야 해요. 뿌리가 부러진 경우도 있고, 살짝 흔들리기만 하는 경우도 있기 때문이지요.

집에서 직접 유치를 뽑아도 괜찮나요? 뽑은 후에는 어떻게 해야 하나요?

예전에는 집에서 유치를 실로 묶어 당겨서 빼는 경우가 많았죠? 집에서 유치를 빼도 괜찮아요. 다만, 뿌리가 아직 많이 흔들리지 않는데, 무리해서 뽑을 필요는 없어요. 아래에 위치한 영구치가 자연적으로 유치의 뿌리를 흡수시키며 올라오기 때문에 충분히 흔들려서 불편할 때 뽑으면 됩니다.

치과에서 마취 크림을 바르고 뽑으면 통증이 덜하기 때문에 치과에서 뽑는 것을 추천하지만, 가정이나 편안한 곳에서 뽑아도 괜찮아요. 집에서 뽑을 때에는 약국에서 깨끗한 거즈를 사서 치아 머리 부분을 잡고 살짝 비틀어 뽑은 다음, 거즈를 돌돌 말아 30분 정도 꽉 물어 지혈시킨 후 버리면 돼요. 간혹 유치의 뿌리가 일부 남아 있는 경우가 있기 때문에 치과에 검진을 받으러 갈 때 한번 확인을 받는 것이 좋습니다.

치아가 삐뚤면 꼭 교정을 받아야 하나요? 적절한 교정 시기는 언제인가요?

교정 치료가 필요한 시기는 개인마다 다릅니다. 만약 영구치 앞니가 나는 만 6~7세에 앞니가 반대로 물려서 아래 앞니가 위의 앞니보다 더 바깥으로 나와 있다면 1차 교정 치료를 받아야 해요. 그리고 유치가 점차 빠지고 영구치로 교환할 때 공간이 부족하거나, 송곳니가 앞니 뿌리 쪽으로 나는 경우 전체적인 치아 배열을 하기에 앞서 1차 교정이 필요할 수 있어요.

앞의 두 시기에 큰 문제가 없이 지나갔다면 유치가 다 빠지고 영구치가 전체적으로 나는 시기에 치아 배열 교정을 받는 것이 일반적입니다.

정기적으로 치과 검진을 받고 있다면 치과 의사 선생님이 교정 치료가 필요한 시기에 치료를 할 수 있도록 알려 줄 거예요.

불소치약을 쓰면 어떤 점이 좋은가요?

불소는 치아의 법랑질을 강화시켜 충치를 예방하는 효과가 있어요. 그리고 초기 충치가 생기기 시작할 때 손상된 법랑질을 다시 단단하게 만들어 주는 재광화(re-mineralization)의 역할도 하여 충치의 진행을 억제해 줘요. 또한 불소가 입안 세균들의 활동을 억제해서 치태도 적게 생겨요(치태는 세균이 사는 집이에요). 그래서 불소가 포함된 치약을 사용하면 충치를 예방하는 효과를 기대할 수 있답니다.

첫 유치가 나는 시기부터 만 3세까지는 1000ppm의 불소치약을 '쌀알 크기'만큼 쓰는 것을 권장해요. 예전에는 무불소를 권장하기도 했지만, 지금은 전 세계적으로 불소의 효과를 인정해 지침이 바뀌어서 첫 유치가 나는 시기부터 불소치약을 사용하도록 하고 있어요. 치약을 잘 뱉지 못하는 아이들은 어른들과 함께 양을 잘 조절해서 사용한다면 충분히 이롭게 사용할 수 있답니다.

불소치약 권장량
- 6개월~만 3세: 1000ppm (쌀알 크기)
- 만 3세~만 6세: 1000ppm (완두콩 크기)
- 만 6세~청소년: 1450ppm (칫솔모 길이 정도, 약 1센티미터)

어린이도 스케일링이 필요한가요?

아이들의 유치는 영구치에 비해 크기가 작고 치아 사이에 공간이 있어 치석이 잘 생기지 않는 편이에요. 하지만 어른과 마찬가지로 양치질을 제대로 하지 않으면 치석이 생길 수 있어요. 치석이 쌓이면 치은염 등의 치주 질환으로 이어질 수 있으므로 치석을 제거하는 것이 좋아요. 영구치 아래 앞니가 나기 시작하는 만 6세 아이들이 치과 치료를 잘 받는 편이라면, 치석이 있는 치아 부분만 짧게 스케일링을 받아도 괜찮아요. 양치질이 미흡해 치석이 자주 생기는 친구들은 치과 검진을 통해 필요 여부를 결정하는 것이 좋습니다.

치아를 건강하게 관리하는 가장 좋은 방법과 습관은?

아마 이 질문의 대답은 모두가 알고 있을 것 같아요. 치아를 건강하게 관리하는 좋은 방법은 바로 '꼼꼼한 양치질' 그리고 '정기적인 치과 검진'이에요.

치아의 씹는 면과 치아 사이, 그리고 치아와 잇몸의 경계 부분을 칫솔과 치실을 사용해 꼼꼼하게 잘 닦아 주세요. 나쁜 세균이 우리 입안에 오래 남아 있지 않도록 말이죠. 그리고 우리가 평소에 양치질을 하면서 놓친 부분이 없는지 치과에서 정기적으로 검사를 받아야 해요. 이 두 가지만 잘 지키면 치과에서 큰 치료를 받지 않고도 치아를 오랫동안 건강하게 관리할 수 있답니다. 생각보다 쉽죠?

치과 의사가 되고 싶은 어린이들에게 꼭 해 주고 싶은 이야기

치과 의사를 꿈꾸고 있는 친구들이 있나요? 저는 신체의 한 부위인 치아와 입안 그리고 얼굴을 치료하는 치과 의사로 일하며 굉장히 큰 보람을 느끼고 있어요. 치아는 씹는 것, 말하는 것, 그리고 얼굴의 형태에도 영향을 줘서 '저작', '발음', '심미' 3가지의 기능을 해요. 음식을 먹을 때 우리 몸 중 가장 먼저 만나는 곳이기도 하죠. 그래서 치과를 찾아오는 환자들이 저에게 "아픈 치아를 치료해 줘서 고맙습니다." "치아를 예쁘게 만들어 줘서 자신감이 생겼어요." 라고 말해 줄 때 참 뿌듯해요.

이 책을 보고 나면 우리 치아는 평생 단 두 번만 난다는 것을 알게 되었을 거예요. 유치와 영구치는 유전적으로 서로 다른 시기에 나도록 되어 있죠. 평생 사용하는 영구치를 오래 잘 쓸 수 있도록 우리에게 유치라는 한 번의 기회를 더 준 것 같지 않나요? 이렇듯 치아는 한정적이기에 더욱 소중한 신체의 한 부분이랍니다. 그래서 많은 사람의 치아를 치료하고 관리해 주는 치과 의사라는 직업에 책임감과 보람을 느끼며 일하고 있어요. 치과 의사를 꿈꾸는 여러분도 좋은 치과 의사가 되길 바랍니다.